Impressum
Verlag: BABADADA GmbH, Nedderfeld 112 , 22529 Hamburg
Geschäftsführer / Verlagsleitung: Harald Hof
Druck: Books on Demand GmbH, In de Tarpen 42, 22848 Norderstedt

Imprint
Publisher: BABADADA GmbH, Nedderfeld 112 , 22529 Hamburg, Germany
Managing Director / Publishing direction: Harald Hof
Print: Books on Demand GmbH, In de Tarpen 42, 22848 Norderstedt

school
de school

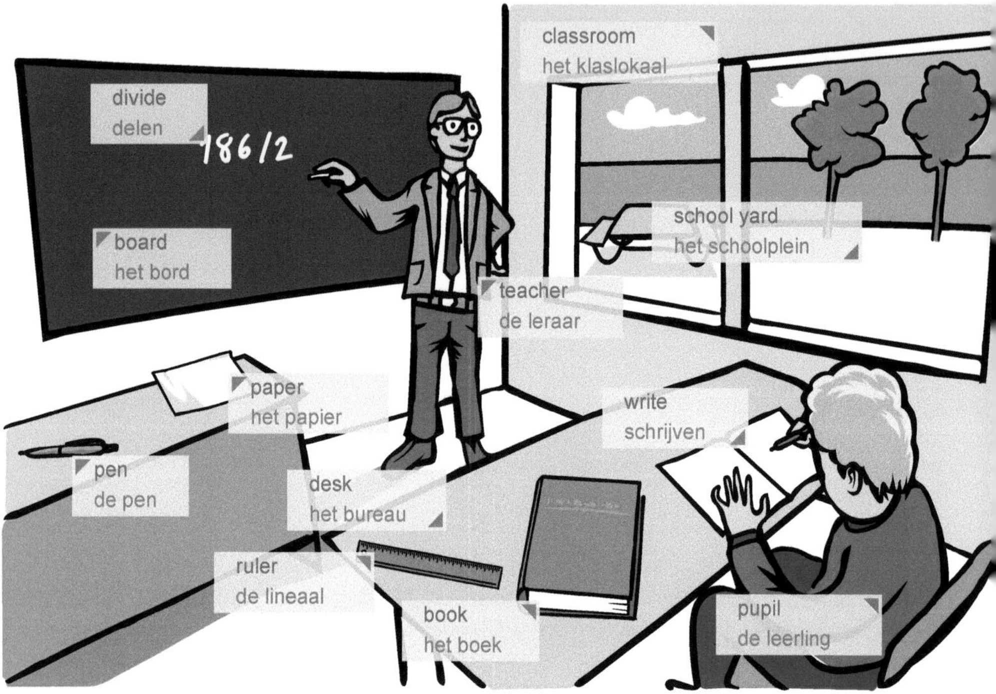
classroom
het klaslokaal
divide
delen
186/2
board
het bord
school yard
het schoolplein
teacher
de leraar
paper
het papier
write
schrijven
pen
de pen
desk
het bureau
ruler
de lineaal
book
het boek
pupil
de leerling

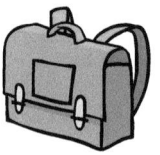

satchel
de schooltas

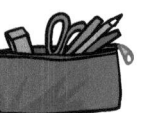

pencil case
de etui

pencil
het potlood

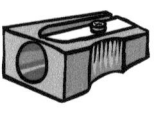

pencil sharpener
de puntenslijper

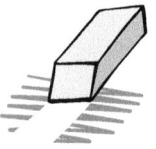

rubber
de gum

drawing pad
het schetsblok

drawing
de tekening

paintbrush
het penseel

paint box
de verfdoos

scissors
de schaar

glue
de lijm

exercise book
het schrift

homework
het huiswerk

number
het getal

2+2

add
optellen

subtract
aftrekken

multiply
vermenigvuldigen

calculate
rekenen

letter
de letter

alphabet
het alfabet

word
het woord

text

de tekst

read

lezen

chalk

het krijt

lesson

de les

register

het klassenboek

exam

het examen

certificate

het diploma

school uniform

het schooluniform

education

de opleiding

encyclopedia

de encyclopedie

university

de universiteit

microscope

de microscoop

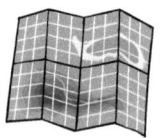

map

de kaart

waste-paper basket

de prullenmand

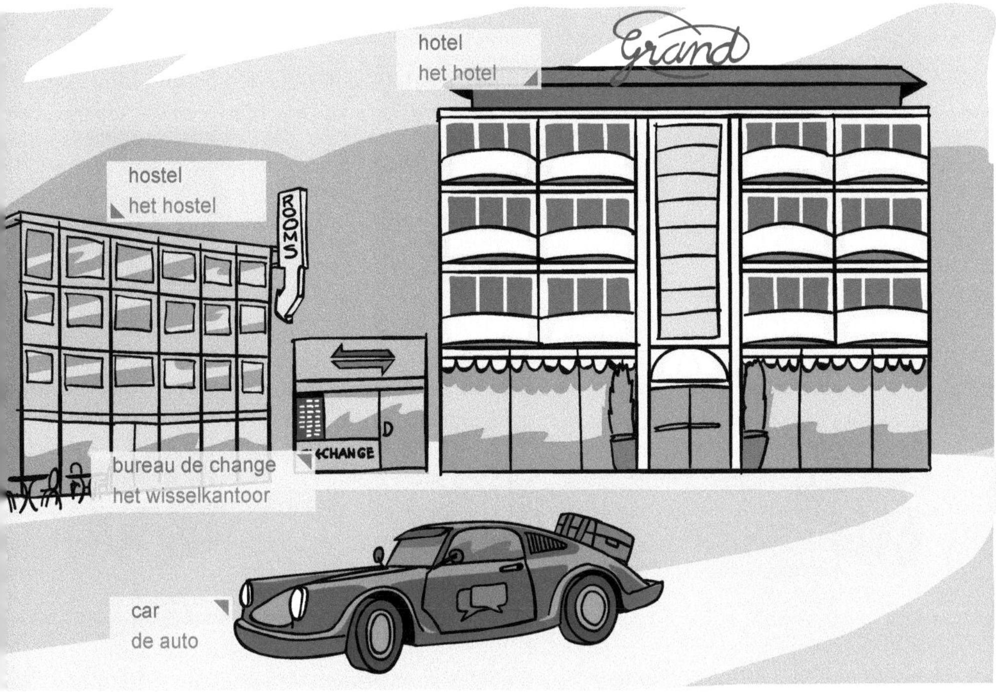

hotel
het hotel
Grand
hostel
het hostel
ROOMS
bureau de change
het wisselkantoor
CHANGE
car
de auto

language
de taal

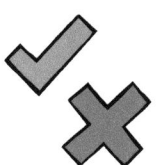

yes / no
ja / nee

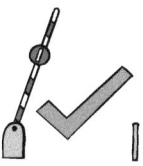

Okay
oké

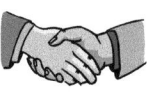

hello
Hallo!

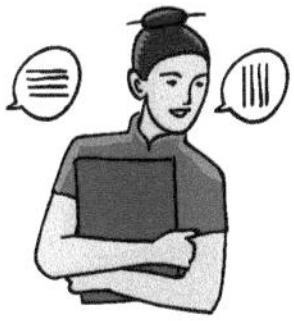

translator
de tolk

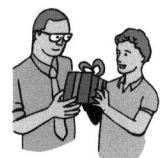

Thank you
Bedankt.

how much is…?

Wat kost …?

I do not understand

Ik begrijp het niet.

problem

het probleem

Good evening!

Goedenavond!

Good morning!

Goedemorgen!

Good night!

Goedenacht!

bye bye

Tot ziens!

direction

de richting

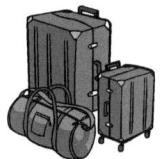

luggage

de bagage

bag

de tas

backpack

de rugzak

guest

de gast

room

de kamer

sleeping bag

de slaapzak

tent

de tent

travel - de reis

tourist information

het VVV-kantoor

beach

het strand

credit card

de creditkaart

breakfast

het ontbijt

lunch

de lunch

dinner

het diner

ticket

het kaartje

lift

de lift

stamp

de postzegel

border

de grens

customs

de douane

embassy

de ambassade

visa

het visum

passport

het paspoort

transport
het transport

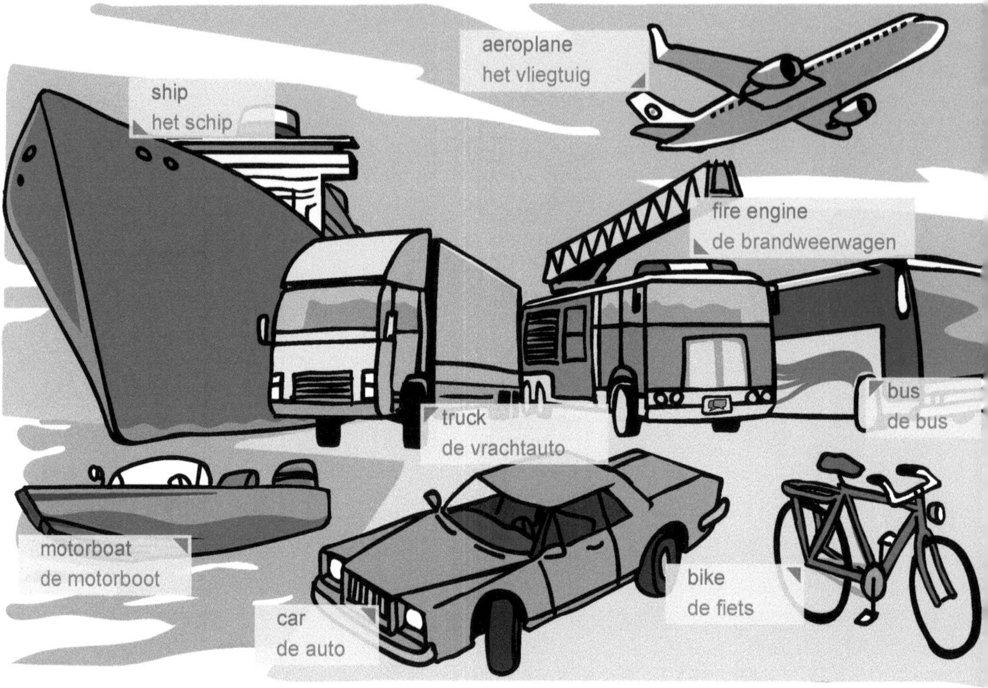
aeroplane
het vliegtuig
ship
het schip
fire engine
de brandweerwagen
bus
de bus
truck
de vrachtauto
motorboat
de motorboot
bike
de fiets
car
de auto

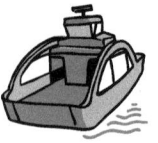

ferry

de veerboot

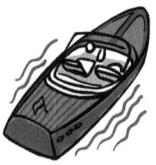

boat

de boot

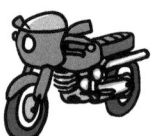

motorbike

de motorfiets

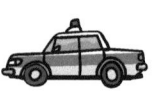

police car

de politiewagen

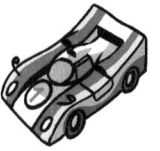

racing car

de raceauto

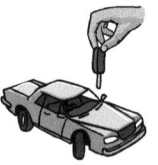

rental car

de huurauto

car sharing

de carsharing

breakdown truck

de takelwagen

refuse truck

de vuilniswagen

motor

de motor

fuel

de benzine

petrol station

de benzinepomp

traffic sign

het verkeersbord

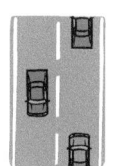

traffic

het verkeer

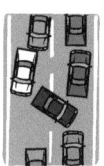

traffic jam

de file

car park

de parkeerplaats

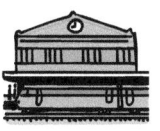

train station

het station

tracks

de rails

train

de trein

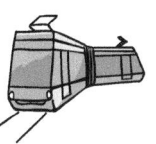

tram

de tram

carriage

de wagon

transport - het transport

helicopter

de helikopter

airport

de luchthaven

tower

de toren

passenger

de passagier

container

de container

carton

de verhuisdoos

cart

de kar

basket

de mand

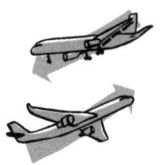

take off / land

opstijgen / landen

city

de stad

village

het dorp

city centre

het stadscentrum

house

het huis

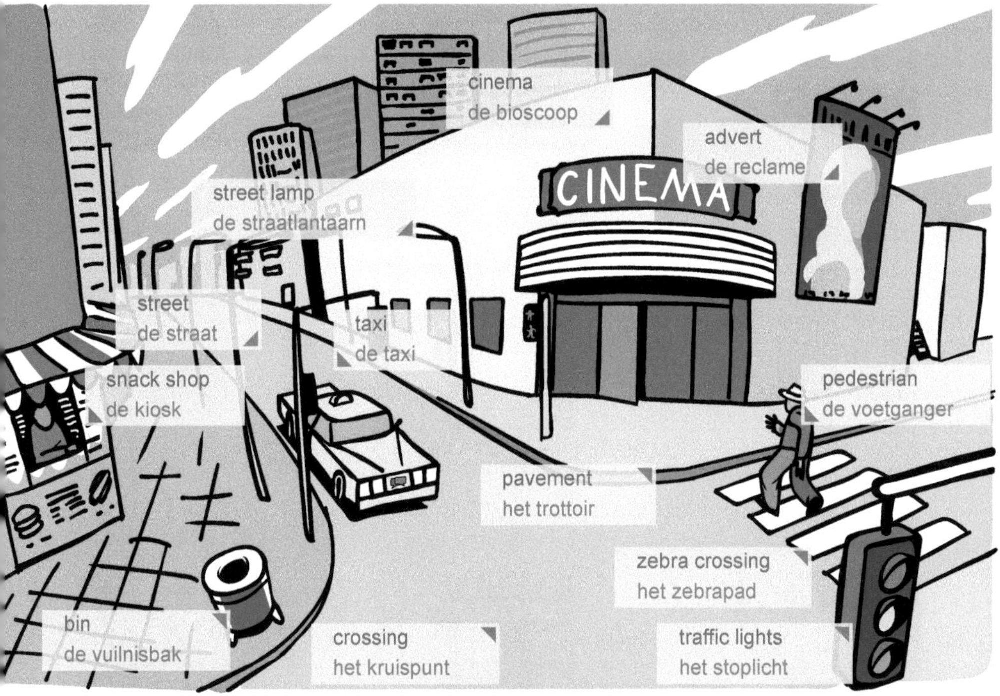

cinema
de bioscoop

advert
de reclame

street lamp
de straatlantaarn

street
de straat

taxi
de taxi

snack shop
de kiosk

pedestrian
de voetganger

pavement
het trottoir

zebra crossing
het zebrapad

bin
de vuilnisbak

crossing
het kruispunt

traffic lights
het stoplicht

CINEMA

hut

de hut

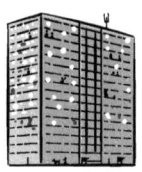

flat

het appartement

train station

het station

town hall

het stadhuis

museum

het museum

school

de school

university

de universiteit

bank

de bank

hospital

het ziekenhuis

hotel

het hotel

pharmacy

de apotheek

office

het kantoor

book shop

de boekenwinkel

shop

de winkel

florist's

de bloemenwinkel

supermarket

de supermarkt

market

de markt

department store

het warenhuis

fishmonger's

de visboer

shopping centre

het winkelcentrum

harbour

de haven

park

het park

bench

de bank

bridge

de brug

stairs

de trap

underground

de metro

tunnel

de tunnel

bus stop

de bushalte

bar

de bar

restaurant

het restaurant

postbox

de brievenbus

street sign

het straatnaambord

parking meter

de parkeermeter

zoo

de dierentuin

swimming pool

het zwembad

mosque

de moskee

farm

de boerderij

pollution

de vervuiling

graveyard

de begraafplaats

church

de kerk

playground

de speelplaats

temple

de tempel

landscape

het landschap

signpost
de wegwijzer

way
de weg

meadow
de weide

stone
de steen

tree
de boom

hiker
de wandelaar

river
de rivier

grass
het gras

flower
de bloem

valley

de vallei

hill

de berg

lake

het meer

forest

het bos

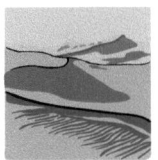

desert

de woestijn

volcano

de vulkaan

castle

het kasteel

rainbow

de regenboog

mushroom

de paddenstoel

palm tree

de palmboom

mosquito

de mug

fly

de vlieg

ant

de mier

bee

de bij

spider

de spin

beetle

de kever

frog

de kikker

squirrel

de eekhoorn

hedgehog

de egel

hare

de haas

owl

de uil

bird

de vogel

swan

de zwaan

boar

het wild zwijn

deer

het hert

moose

de eland

dam

de stuwdam

wind turbine

de windmolen

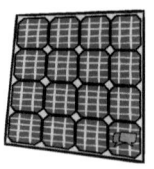

solar panel

het zonnepaneel

climate

het klimaat

restaurant
het restaurant

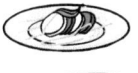

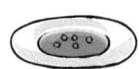

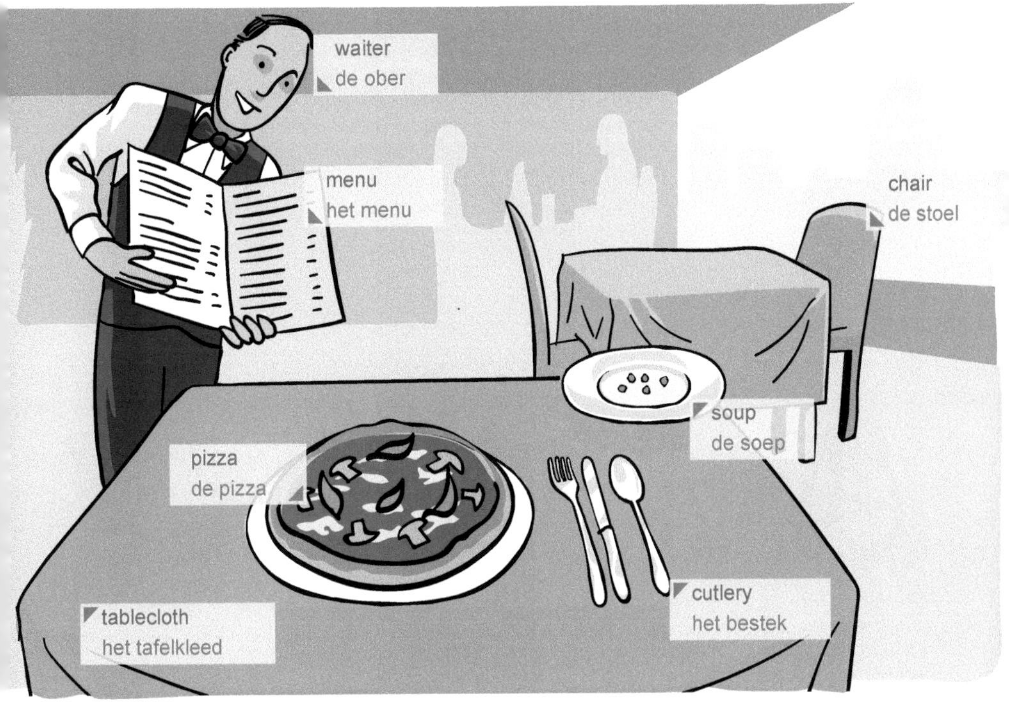
waiter
de ober
menu
het menu
chair
de stoel
soup
de soep
pizza
de pizza
cutlery
het bestek
tablecloth
het tafelkleed

starter

het voorgerecht

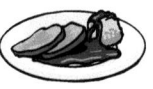

main course

het hoofdgerecht

dessert

het toetje

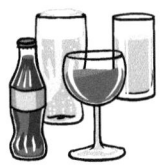

drinks

de dranken

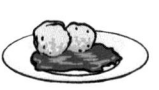

food

het eten

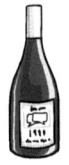

bottle

de fles

fast food

de/het fastfood

street food

het eetkraampje

teapot

de theepot

sugar bowl

de suikerpot

portion

de portie

espresso machine

de espressomachine

high chair

de kinderstoel

bill

de rekening

tray

het dienblad

knife

het mes

fork

de vork

spoon

de lepel

teaspoon

de theelepel

serviette

het servet

glass

het glas

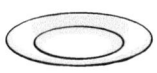

plate

het bord

soup plate

het soepbord

saucer

de schotel

sauce

de saus

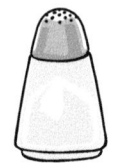

salt pot

het zoutvaatje

pepper mill

de pepermolen

vinegar

de azijn

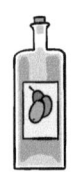

oil

de olie

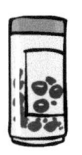

spices

de kruiden

ketchup

de ketchup

mustard

de mosterd

mayonnaise

de mayonaise

supermarket
de supermarkt

special offer
de aanbieding
FOR
customer
de klant
dairy
de zuivelproducten
fruit
het fruit
trolley
de winkelwagen

BUTCHERS

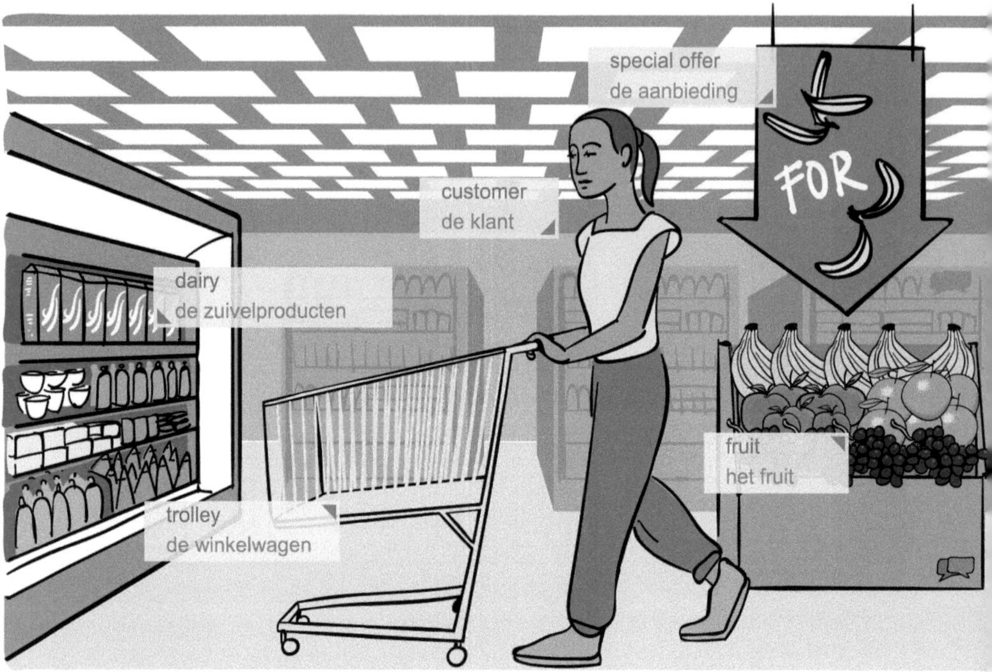

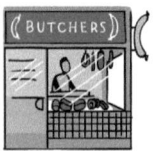

butcher´s

de slager

BAKERY

baker´s

de bakkerij

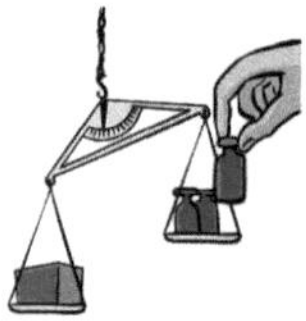

weigh

wegen

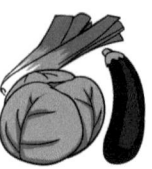

vegetables

de groente

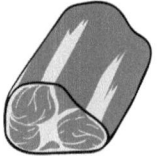

meat

het vlees

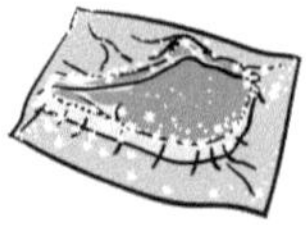

frozen food

de diepvriesproducten

cold meat
de vleeswaren

tinned food
de conserven

washing powder
het wasmiddel

sweets
het snoepgoed

household products
de huishoudelijke artikelen

cleaning products
het schoonmaakmiddel

salesperson
de verkoopster

till
de kassa

cashier
de kassier

shopping list
het boodschappenlijstje

opening hours
de openingstijden

wallet
de portefeuille

credit card
de creditkaart

bag
de tas

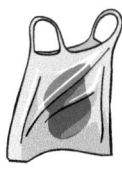

plastic bag
de plastic zak

water
....
het water

juice
....
het sap

milk
....
de melk

coke
....
de cola

wine
....
de wijn

beer
....
het bier

alcohol
....
de alcohol

cocoa
....
de chocolademelk

tea
....
de thee

coffee
....
de koffie

espresso
....
de espresso

cappuccino
....
de cappuccino

banana

de banaan

apple

de appel

orange

de sinaasappel

melon

de watermeloen

lemon

de citroen

carrot

de wortel

garlic

de knoflook

bamboo

de bamboe

onion

de ui

mushroom

de paddenstoel

nuts

de noten

noodles

de pasta

spaghetti

de spaghetti

rice

de rijst

salad

de salade

chips

de friet

fried potatoes

de gebakken aardappelen

pizza

de pizza

hamburger

de hamburger

sandwich

de sandwich

cutlet

de schnitzel

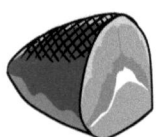

ham

de ham

salami

de salami

sausage

de worst

chicken

de kip

roast

het gebraad

fish

de vis

food - het eten

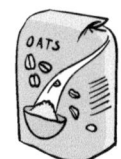

porridge oats

de havermout

muesli

de muesli

cornflakes

de cornflakes

flour

het meel

croissant

de croissant

bread roll

de broodjes

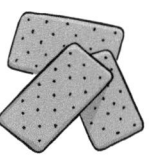

bread

het brood

toast

de toast

biscuits

de koekjes

butter

de boter

curd

de kwark

cake

de taart

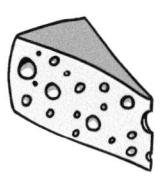

egg

het ei

fried egg

het gebakken ei

cheese

de kaas

food - het eten

ice cream

het ijs

sugar

de suiker

honey

de honing

jam

de jam

chocolate spread

de chocoladepasta

curry

de kerrie

goat	cow	calf
de geit	de koe	het kalf

pig	piglet	bull
het varken	de big	de stier

goose

de gans

duck

de eend

chick

het kuiken

hen

de kip

cock

de haan

rat

de rat

cat

de kat

mouse

de muis

ox

de os

dog

de hond

doghouse

het hondenhok

garden hose

de tuinslang

watering can

de gieter

scythe

de zeis

plough

de ploeg

sickle

de sikkel

hoe

de schoffel

pitchfork

de hooivork

axe

de bijl

wheelbarrow

de kruiwagen

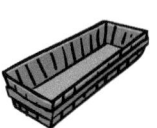

trough

de trog

milk can

de melkbus

sack

de zak

fence

het hek

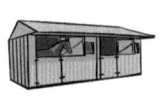

stable

de stal

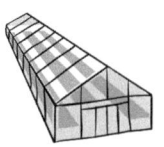

greenhouse

de broeikas

soil

de grond

seed

het zaad

fertilizer

de mest

combine harvester

de maaidorser

harvest

oogsten

harvest

de oogst

yams

de yam

wheat

de tarwe

soy

de soja

potato

de aardappel

corn

de maïs

rapeseed

het koolzaad

fruit tree

de fruitboom

cassava

de maniok

cereals

de granen

house

het huis

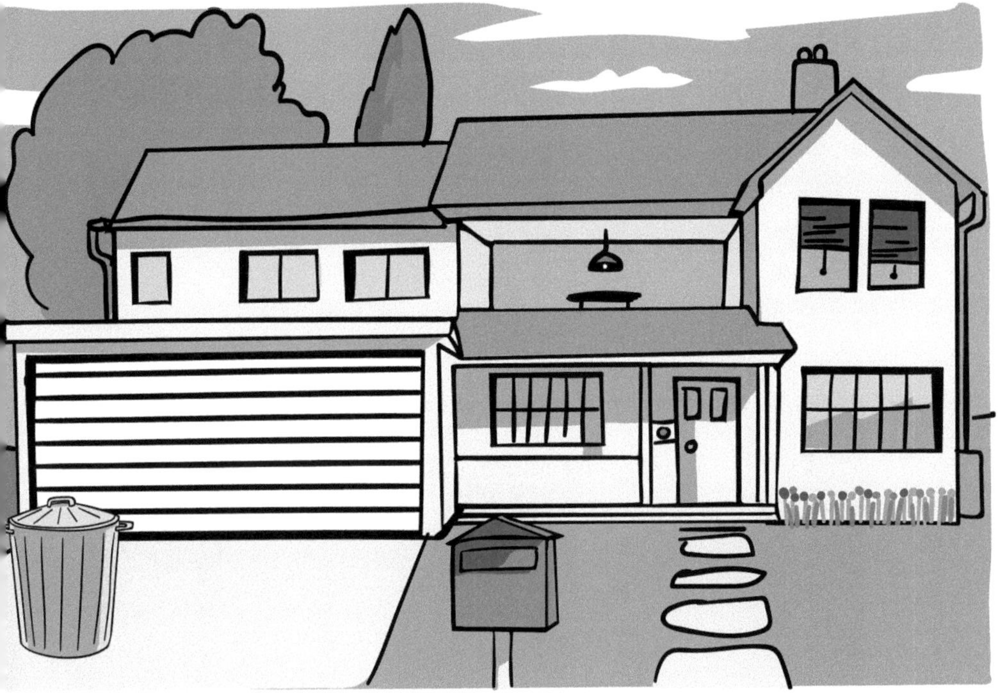

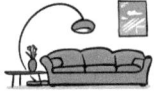

living room
....
de woonkamer

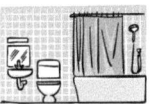

bathroom
....
de badkamer

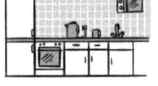

kitchen
....
de keuken

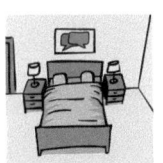

bedroom
....
de slaapkamer

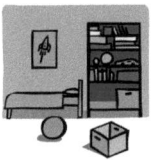

child's room
....
de kinderkamer

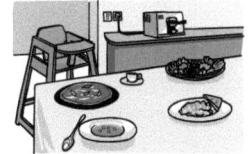

dining room
....
de eetkamer

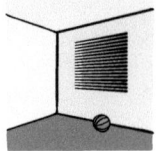

floor

de vloer

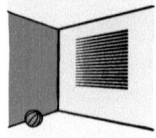

wall

de muur

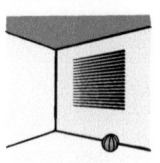

ceiling

het plafond

cellar

de kelder

sauna

de sauna

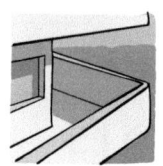

balcony

het balkon

terrace

het terras

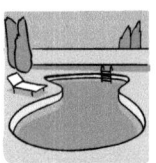

pool

het zwembad

lawn mower

de grasmaaier

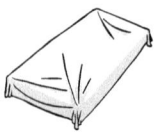

sheet

het laken

bedspread

de bedsprei

bed

het bed

broom

de bezem

bucket

de emmer

switch

de schakelaar

living room
de woonkamer

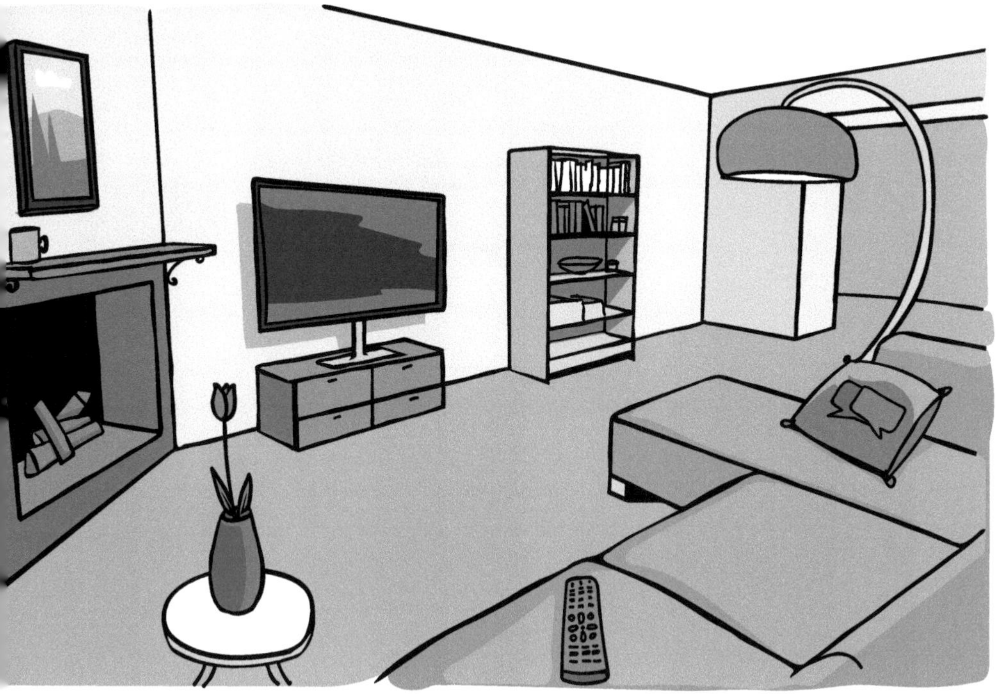

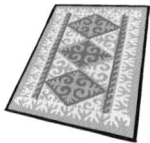

carpet

het tapijt

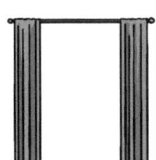

curtain

het gordijn

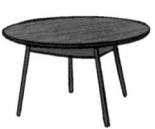

table

de tafel

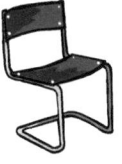

chair

de stoel

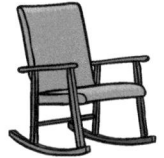

rocking chair

de schommelstoel

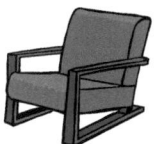

armchair

de stoel

book
het boek

blanket
de deken

decoration
de decoratie

firewood
het brandhout

film
de film

hi-fi equipment
de stereo-installatie

key
de sleutel

newspaper
de krant

painting
het schilderij

poster
de poster

radio
de radio

notepad
het kladblok

hoover
de stofzuiger

cactus
de cactus

candle
de kaars

kitchen
de keuken

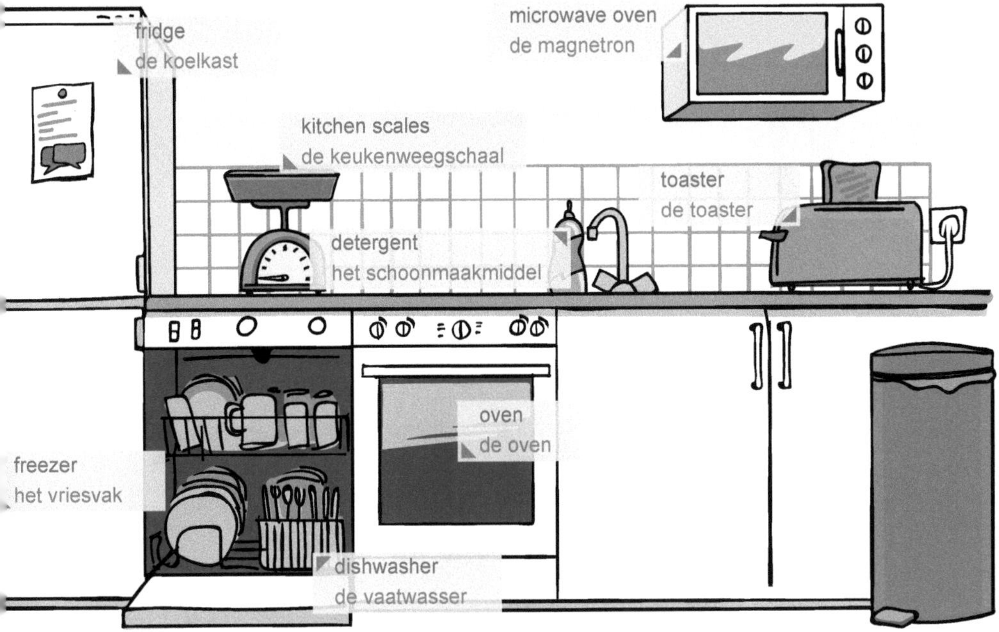
fridge
de koelkast
microwave oven
de magnetron
kitchen scales
de keukenweegschaal
toaster
de toaster
detergent
het schoonmaakmiddel
oven
de oven
freezer
het vriesvak
dishwasher
de vaatwasser

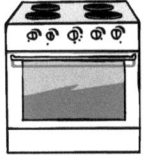

cooker

het fornuis

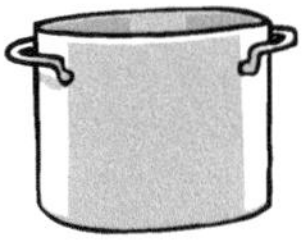

pot

de pan

cast-iron pot

de gietijzeren pan

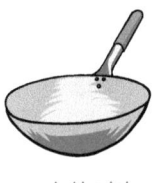

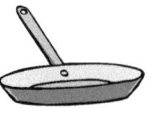

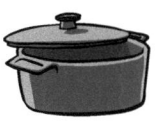

wok / kadai

de wok / kadai

pan

de koekenpan

kettle

de ketel

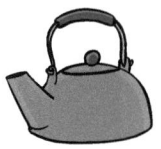

steamer

de stoomkoker

baking tray

de bakplaat

crockery

het servies

mug

de beker

bowl

de kom

chopsticks

de eetstokjes

ladle

de soeplepel

spatula

de spatel

whisk

de garde

strainer

het vergiet

sieve

de zeef

grater

de rasp

mortar

de vijzel

barbecue

de barbecue

open fire

de vuurhaard

chopping board
de snijplank

rolling pin
de deegroller

corkscrew
de kurkentrekker

can
het blik

can opener
de blikopener

pot holder
de pannenlap

sink
de wasbak

brush
de borstel

sponge
de spons

blender
de blender

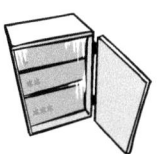

deep freezer
de vriezer

baby bottle
het babyflesje

tap
de kraan

bathroom
de badkamer

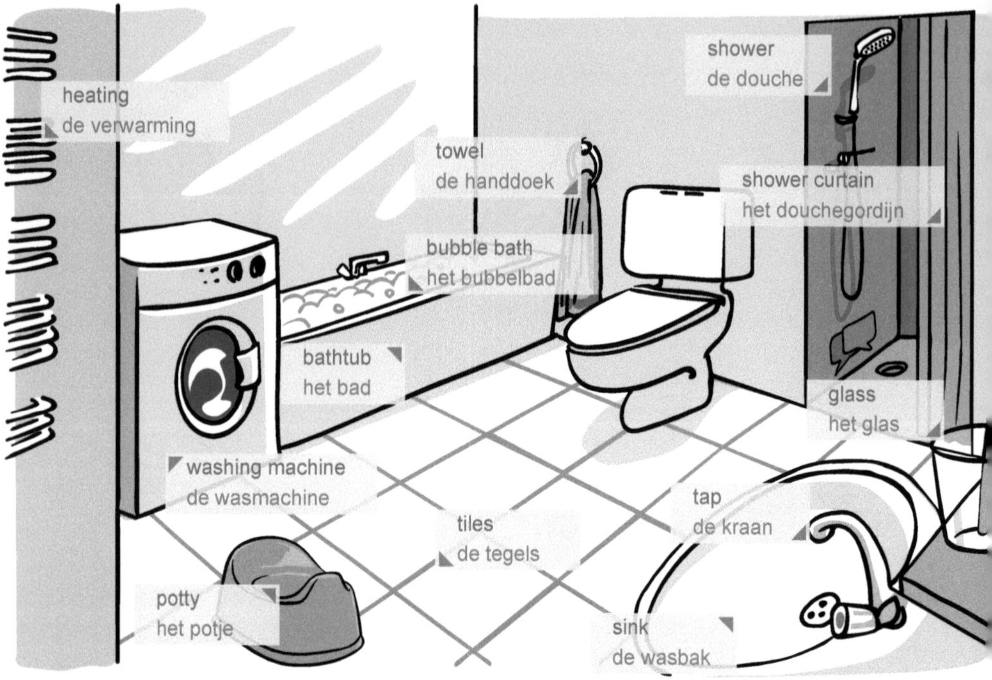
shower
de douche
heating
de verwarming
towel
de handdoek
shower curtain
het douchegordijn
bubble bath
het bubbelbad
bathtub
het bad
glass
het glas
washing machine
de wasmachine
tap
de kraan
tiles
de tegels
potty
het potje
sink
de wasbak

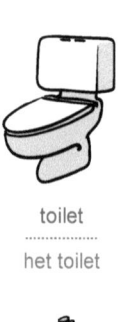

toilet
het toilet

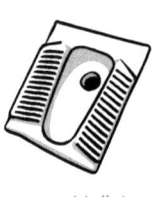

squat toilet
het hurktoilet

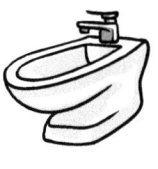

bidet
de/het bidet

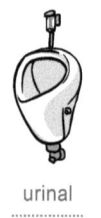

urinal
het urinoir

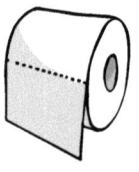

toilet paper
het toiletpapier

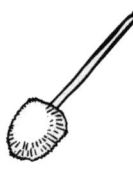

toilet brush
de toiletborstel

toothbrush

de tandenborstel

toothpaste

de tandpasta

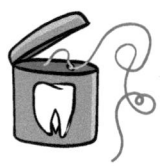

dental floss

het flosdraad

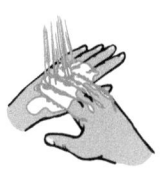

wash

wassen

handheld shower

de handdouche

douche

de toiletdouche

basin

de waskom

back brush

de rugborstel

soap

de zeep

shower gel

de douchegel

shampoo

de shampoo

flannel

het washandje

drain

de afvoer

cream

de creme

deodorant

de deodorant

mirror

de spiegel

hand mirror

de make-upspiegel

razor

het scheermes

shaving foam

het scheerschuim

aftershave

de aftershave

comb

de kam

brush

de borstel

hair dryer

de haardroger

hairspray

de haarspray

makeup

de make-up

lipstick

de lippenstift

nail varnish

de nagellak

cotton wool

de watten

nail scissors

het nagelschaartje

perfume

de/het parfum

washbag

de toilettas

stool

de kruk

weighing scale

de weegschaal

bathrobe

de badjas

rubber gloves

de rubber handschoenen

tampon

de tampon

sanitary towel

het maandverband

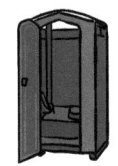

chemical toilet

het chemisch toilet

child's room
de kinderkamer

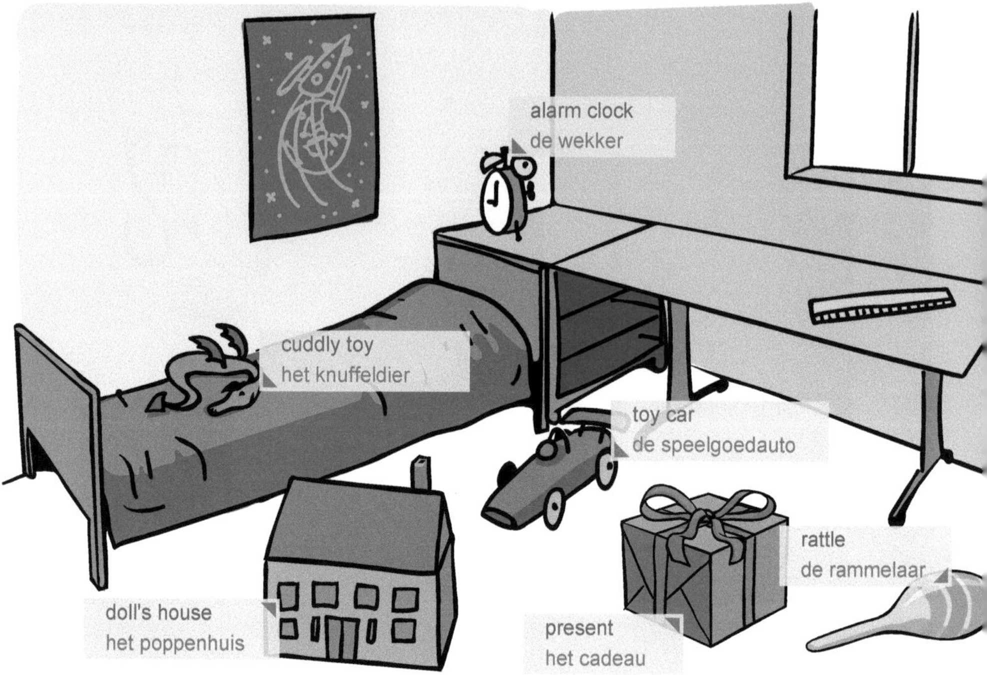
alarm clock
de wekker
cuddly toy
het knuffeldier
toy car
de speelgoedauto
rattle
de rammelaar
doll's house
het poppenhuis
present
het cadeau

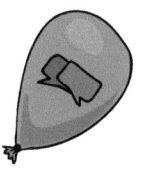

balloon
de ballon

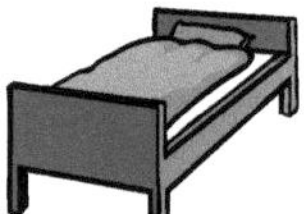

bed
het bed

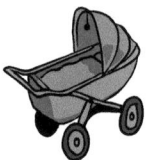

pram
de kinderwagen

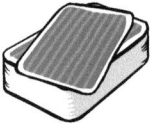

deck of cards
het kaartspel

jigsaw
de puzzel

SUPER
MEGA

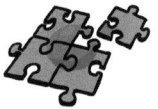

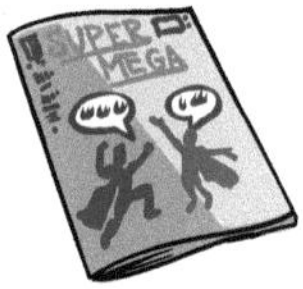

comic
het stripverhaal

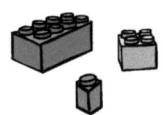

lego bricks

de legostenen

building blocks

de speelgoedblokken

action figure

het actiefiguurtje

babygrow

de romper

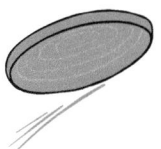

frisbee

de frisbee

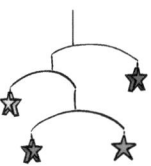

mobile

de/het mobile

board game

het bordspel

dice

de dobbelsteen

model train set

de modeltrein

dummy

de speen

party

het feestje

picture book

het prentenboek

ball

de bal

doll

de pop

play

spelen

sandpit

de zandbak

swing

de schommel

toys

het speelgoed

video game console

de spelcomputer

tricycle

de driewieler

teddy bear

de teddybeer

wardrobe

de kleerkast

clothing

de kleding

socks

de sokken

stockings

de kousen

tights

de panty

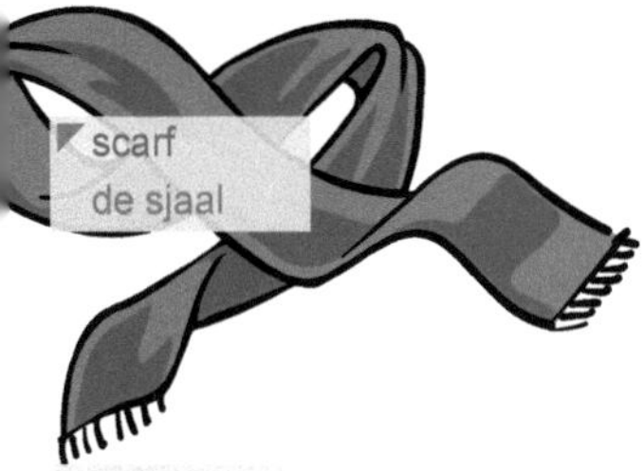

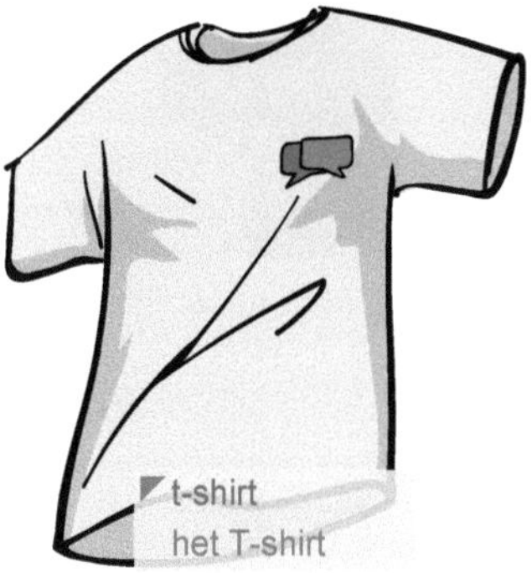

scarf
de sjaal

belt
de riem

umbrella
de paraplu

t-shirt
het T-shirt

trainers
de sportschoenen

boots
de laarzen

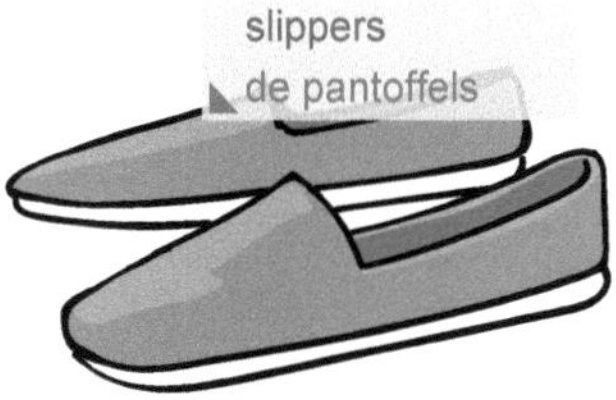

slippers
de pantoffels

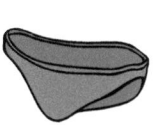

sandals

de sandalen

shoes

de schoenen

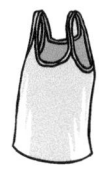

rubber boots

de rubberlaarzen

underpants

de onderbroek

bra

de beha

vest

het onderhemd

body

de body

trousers

de broek

jeans

de spijkerbroek

skirt

de rok

blouse

de blouse

shirt

het overhemd

pullover

de trui

hoodie

de hoody

blazer

de blazer

jacket

de jas

coat

de mantel

raincoat

de regenjas

costume

het kostuum

dress

de jurk

wedding dress

de trouwjurk

suit

het pak

nightgown

het nachthemd

pyjamas

de pyjama

sari

de sari

headscarf

de hoofddoek

turban

de tulband

burqa

de boerka

kaftan

de kaftan

abaya

de abaja

swimsuit

het zwempak

trunks

de zwembroek

shorts

de korte broek

tracksuit

het trainingspak

apron

de/het schort

gloves

de handschoenen

button

de knoop

glasses

de bril

bracelet

de armband

necklace

de ketting

ring

de ring

earring

de oorbel

cap

de pet

coat hanger

de kledinghanger

hat

de hoed

tie

de stropdas

zip

de rits

helmet

de helm

braces

de bretels

school uniform

het schooluniform

uniform

het uniform

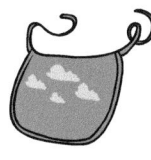

bib

het slabbetje

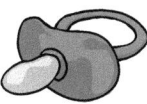

dummy

de speen

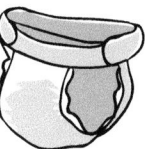

nappy

de luier

office
het kantoor

server
de server
filing cabinet
de archiefkast
per
t papier
printer
de printer
monitor
het beeldscherm
mouse
de muis
desk
het bureau
folder
de map
keyboard
het toetsenbord
chair
de stoel
waste-paper basket
de prullenmand
computer
de computer

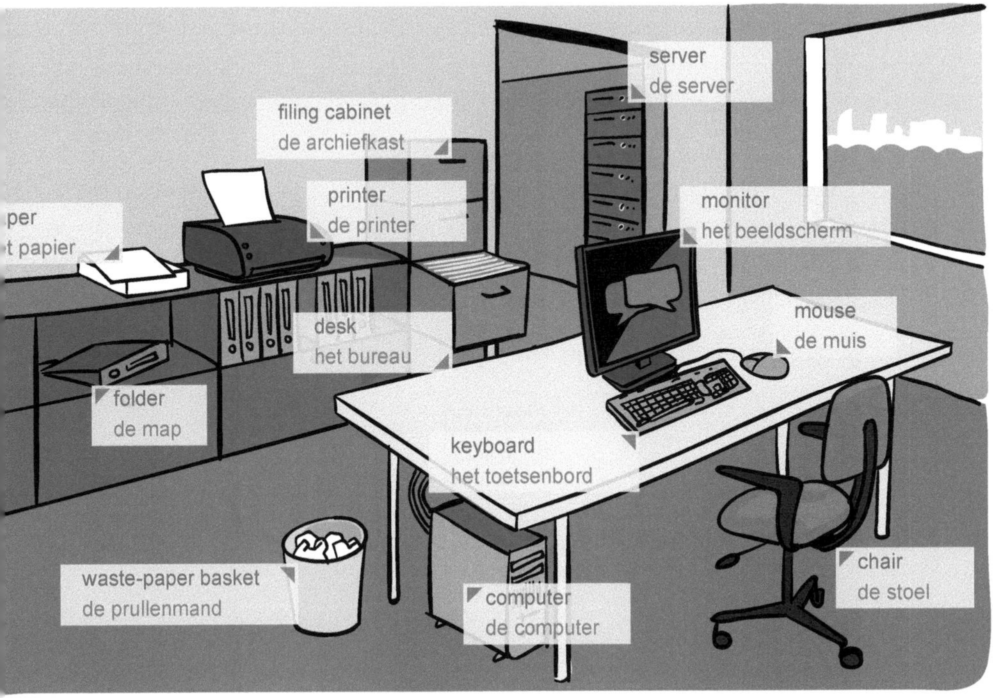

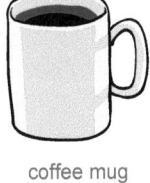

coffee mug

de koffiemok

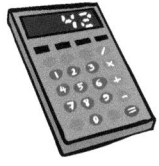

calculator

de rekenmachine

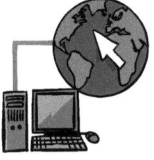

internet

het internet

laptop
....
de laptop

letter
....
de brief

message
....
het bericht

mobile
....
de mobiele telefoon

network
....
het netwerk

photocopier
....
de kopieermachine

software
....
de software

telephone
....
de telefoon

plug socket
....
het stopcontact

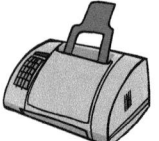

fax machine
....
de fax

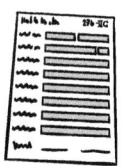

form
....
het formulier

document
....
het document

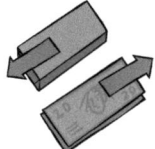

buy

kopen

pay

betalen

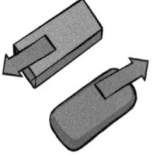

trade

handel drijven

money

het geld

dollar

de dollar

euro

de euro

yen

de yen

rouble

de roebel

Swiss franc

de Zwitserse frank

renminbi yuan

de renminbi yuan

rupee

de roepie

cashpoint

de geldautomaat

bureau de change

het wisselkantoor

gold

het goud

silver

het zilver

oil

de olie

energy

de energie

price

de prijs

contract

het contract

tax

de belasting

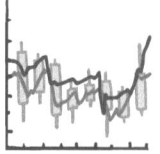

stock

het aandeel

work

werken

employee

de werknemer

employer

de werkgever

factory

de fabriek

shop

de winkel

economy - de economie

occupations
de beroepen

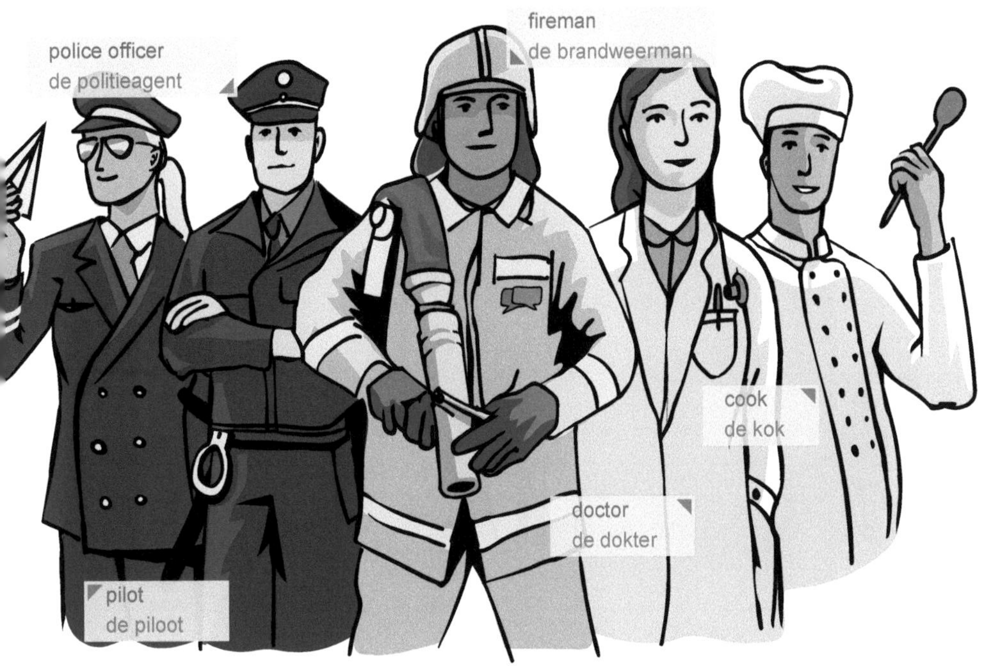
police officer
de politieagent
fireman
de brandweerman
cook
de kok
doctor
de dokter
pilot
de piloot

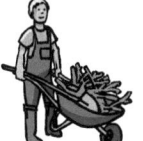

gardener

de tuinman

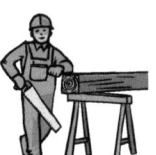

carpenter

de timmerman

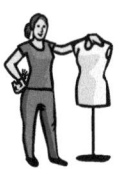

seamstress

de naaister

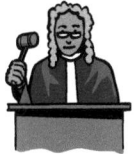

judge

de rechter

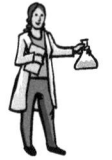

chemist

de scheikundige

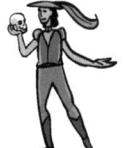

actor

de toneelspeler

bus driver

de buschauffeur

taxi driver

de taxichauffeur

fisherman

de visser

cleaning lady

de schoonmaakster

roofer

de dakdekker

waiter

de ober

hunter

de jager

painter

de schilder

baker

de bakker

electrician

de elektricien

builder

de bouwvakker

engineer

de ingenieur

butcher

de slager

plumber

de loodgieter

postman

de postbode

soldier

de soldaat

architect

de architect

cashier

de kassier

florist

de bloemist

hairdresser

de kapper

conductor

de conducteur

mechanic

de monteur

captain

de kapitein

dentist

de tandarts

scientist

de wetenschapper

rabbi

de rabbi

imam

de imam

monk

de monnik

clergyman

de pastoor

tools

het gereedschap

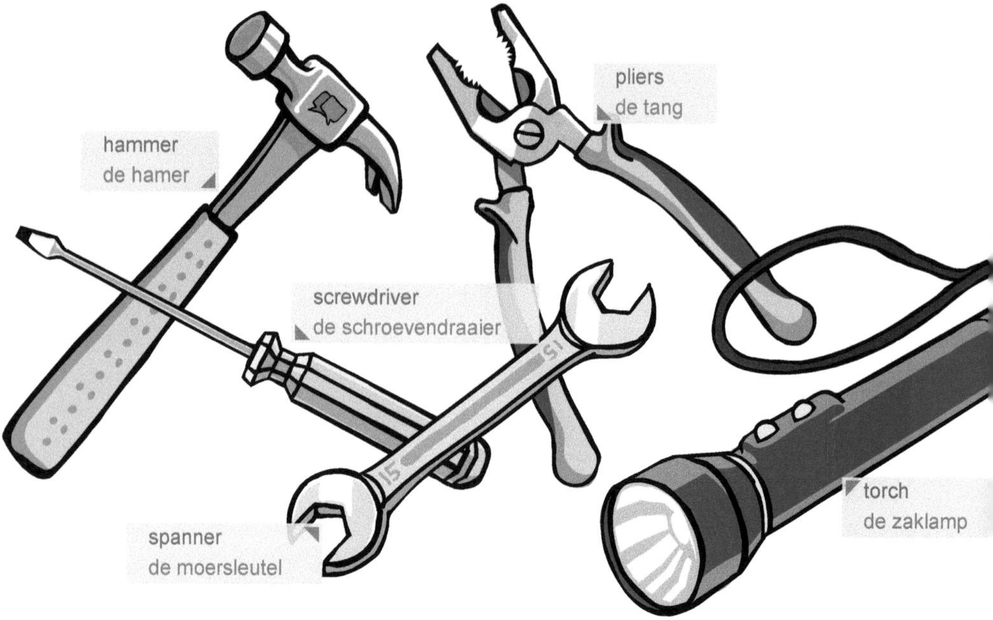

hammer
de hamer
pliers
de tang
screwdriver
de schroevendraaier
spanner
de moersleutel
torch
de zaklamp

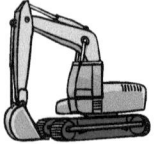

digger

de graafmachine

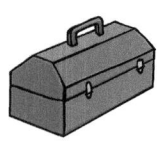

toolbox

de gereedschapskist

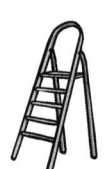

ladder

de ladder

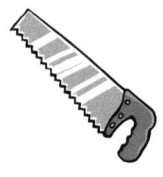

saw

de zaag

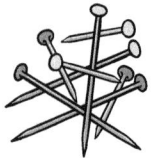

nails

de spijkers

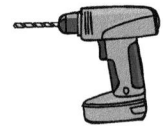

drill

de boor

repair

repareren

shovel

de schep

Damn!

Verdorie!

dustpan

het stofblik

paint pot

de verfpot

screws

de schroeven

musical instruments
de muziekinstrumenten

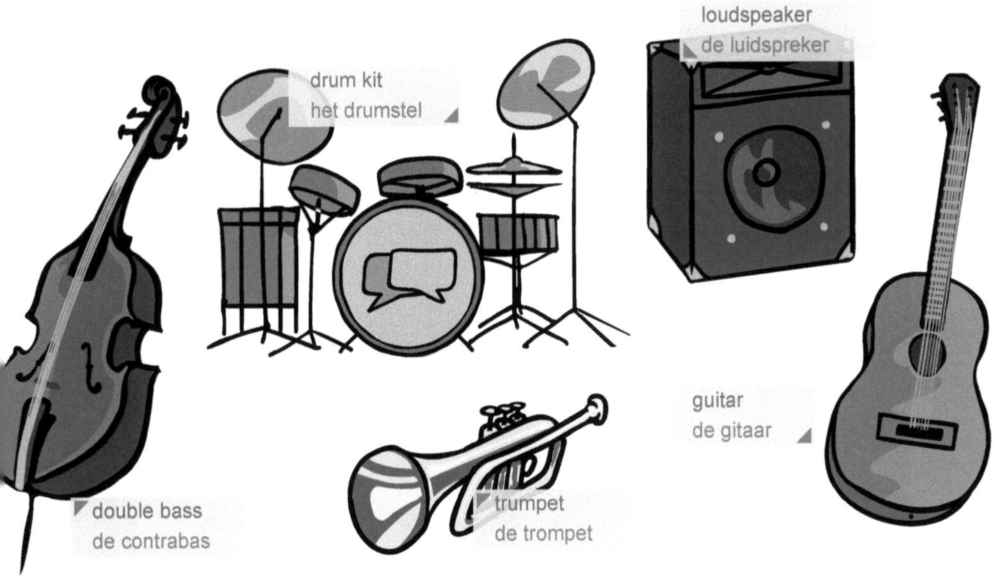

drum kit
het drumstel

loudspeaker
de luidspreker

guitar
de gitaar

double bass
de contrabas

trumpet
de trompet

piano

de piano

violin

de viool

bass

de bas

timpani

de pauk

drums

de trommel

keyboard

het keyboard

saxophone

de saxofoon

flute

de fluit

microphone

de microfoon

zoo

de dierentuin

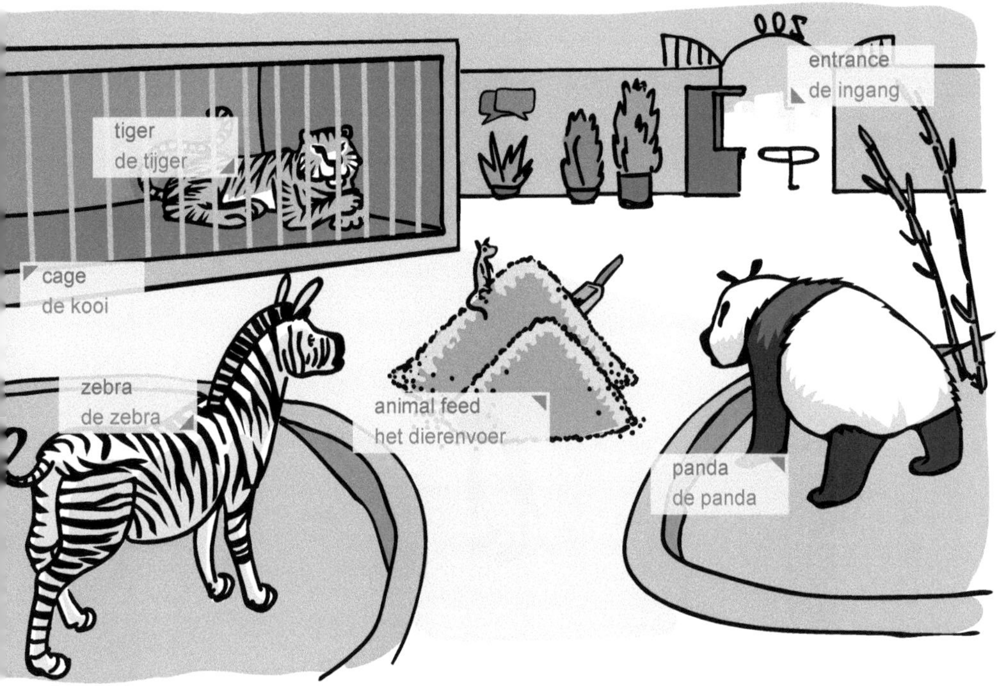
entrance
de ingang
tiger
de tijger
cage
de kooi
zebra
de zebra
animal feed
het dierenvoer
panda
de panda

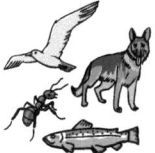

animals

de dieren

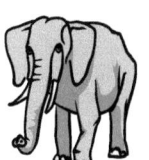

elephant

de olifant

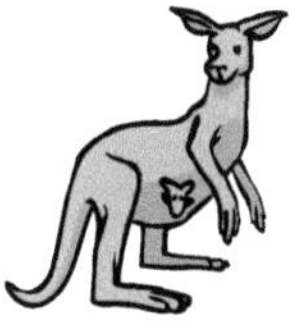

kangaroo

de kangoeroe

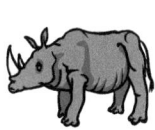

rhino

de neushoorn

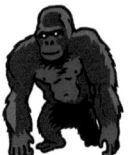

gorilla

de gorilla

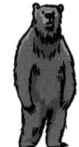

bear

de beer

camel

de kameel

ostrich

de struisvogel

lion

de leeuw

monkey

de aap

flamingo

de flamingo

parrot

de papegaai

polar bear

de ijsbeer

penguin

de pinguïn

shark

de haai

peacock

de pauw

snake

de slang

crocodile

de krokodil

zookeeper

de dierenverzorger

seal

de zeehond

jaguar

de jaguar

zoo - de dierentuin

pony

de pony

leopard

de/het luipaard

hippo

het nijlpaard

giraffe

de giraffe

eagle

de adelaar

boar

het wild zwijn

fish

de vis

turtle

de schildpad

walrus

de walrus

fox

de vos

gazelle

de gazelle

zoo - de dierentuin

American football
American football

cycling
wielrennen

tennis
tennis

basketball
basketbal

swimming
zwemmen

ice hockey
ijshockey

boxing
boksen

football
voetbal

badminton
badminton

athletics
atletiek

handball
handbal

skiing
skiën

polo
polo

laugh
lachen

jump
springen

hug
knuffelen

walk
lopen

sing
zingen

dream
dromen

pray
bidden

kiss
kussen

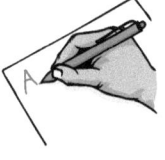

write
schrijven

draw
tekenen

show
tonen

push
duwen

give
geven

take
oppakken

have
....
hebben

do
....
doen

be
....
zijn

stand
....
staan

run
....
rennen

pull
....
trekken

throw
....
gooien

fall
....
vallen

lie
....
liggen

wait
....
wachten

carry
....
dragen

sit
....
zitten

get dressed
....
aankleden

sleep
....
slapen

wake up
....
wakker worden

look at

bekijken

cry

huilen

stroke

strelen

comb

kammen

talk

praten

understand

begrijpen

ask

vragen

listen

horen

drink

drinken

eat

eten

tidy up

opruimen

love

houden van

cook

koken

drive

rijden

fly

vliegen

activities - de activiteiten

sail

zeilen

calculate

rekenen

read

lezen

learn

leren

work

werken

marry

trouwen

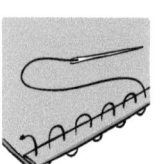

sew

naaien

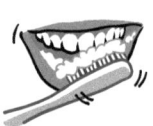

brush teeth

tandenpoetsen

kill

doden

smoke

roken

send

verzenden

family
de familie

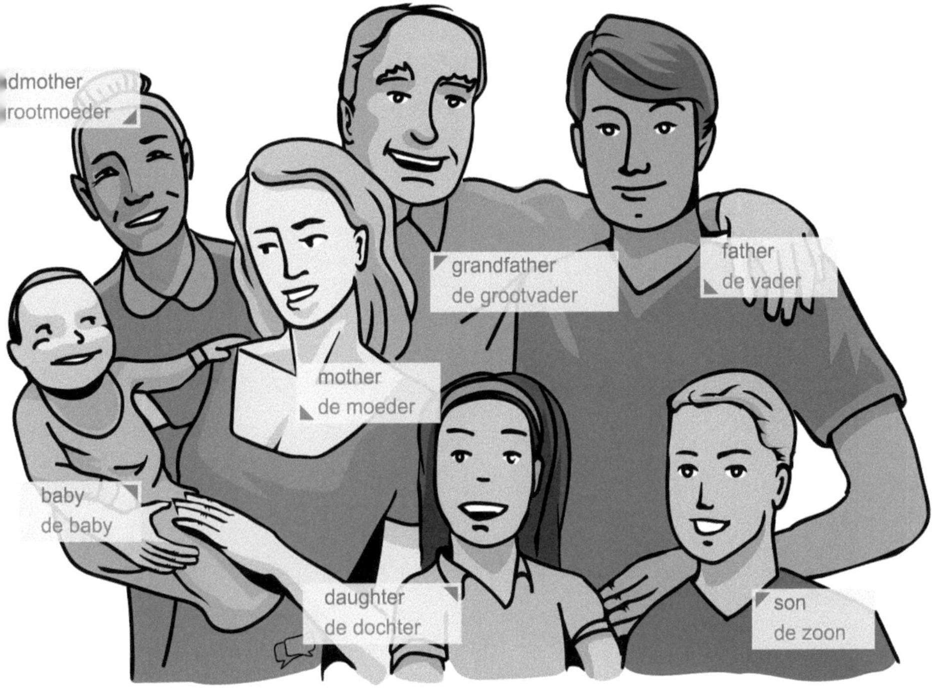
dmother
rootmoeder
grandfather
de grootvader
father
de vader
mother
de moeder
baby
de baby
daughter
de dochter
son
de zoon

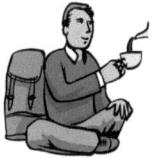

guest

de gast

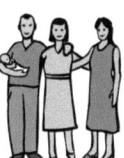

aunt

de tante

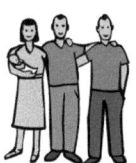

uncle

de oom

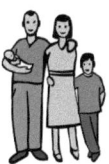

brother

de broer

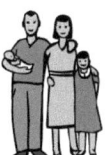

sister

de zus

forehead
het voorhoofd

eye
het oog

shoulder
de schouder

finger
de vinger

face
het gezicht

chin
de kin

hand
de hand

breast
de borst

leg
het been

arm
de arm

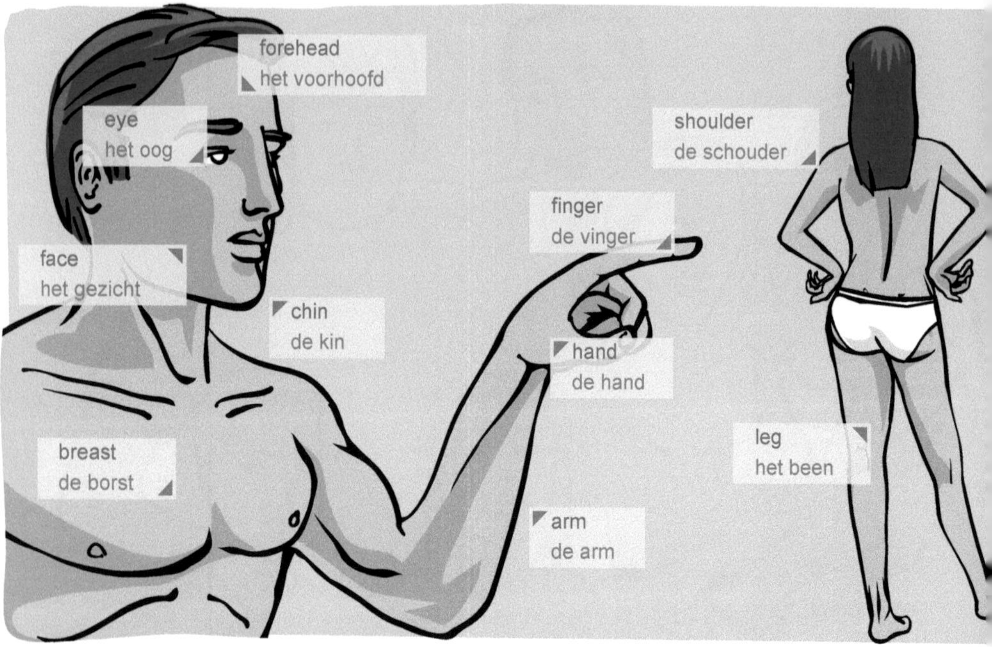

baby
de baby

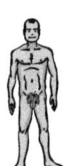

man
de man

woman
de vrouw

girl
het meisje

boy
de jongen

head
het hoofd

body - het lichaam

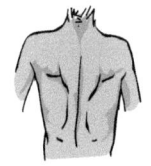

back
de rug

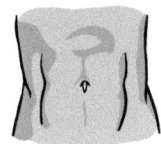

belly
de buik

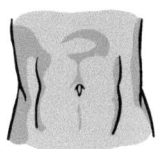

belly button
de navel

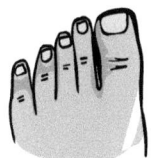

toe
de teen

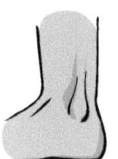

heel
de hiel

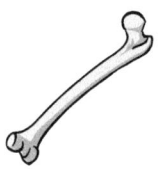

bone
het bot

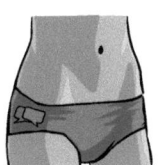

hip
de heup

knee
de knie

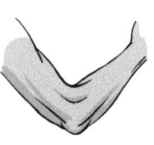

elbow
de elleboog

nose
de neus

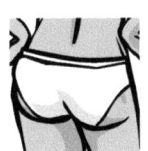

bottom
het achterwerk

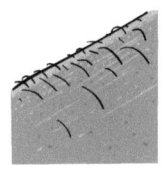

skin
de huid

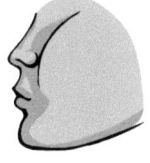

cheek
de wang

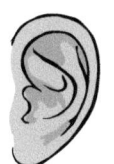

ear
het oor

lip
de lippen

mouth

de mond

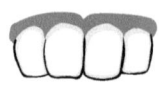

tooth

de tand

tongue

de tong

brain

de hersenen

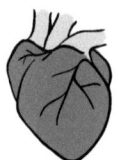

heart

het hart

muscle

de spier

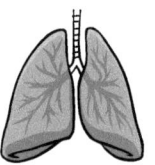

lung

de long

liver

de lever

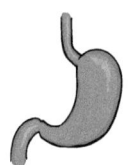

stomach

de maag

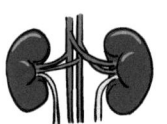

kidneys

de nieren

sex

de geslachtsgemeenschap

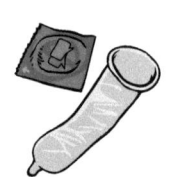

condom

het condoom

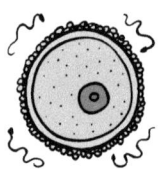

ovum

de eicel

semen

het sperma

pregnancy

de zwangerschap

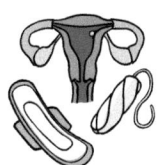

menstruation

de menstruatie

vagina

de vagina

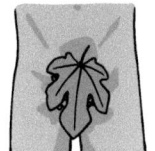

penis

de penis

eyebrow

de wenkbrauw

hair

het haar

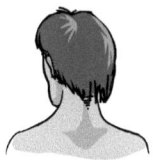

neck

de hals

hospital
het ziekenhuis

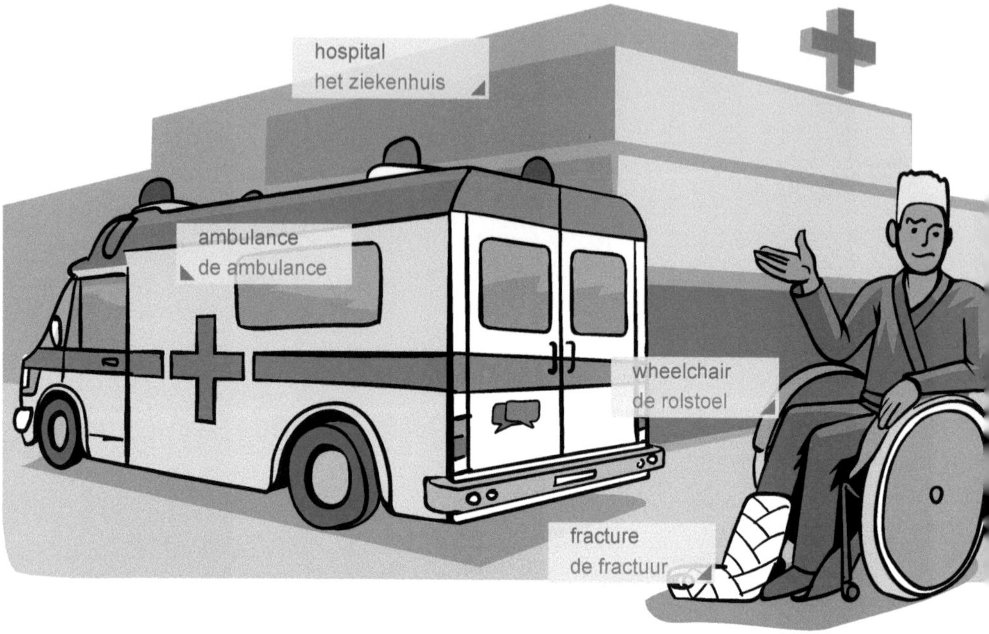

hospital
het ziekenhuis
ambulance
de ambulance
wheelchair
de rolstoel
fracture
de fractuur

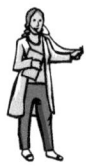

doctor

de dokter

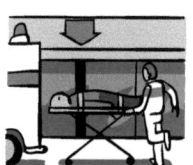

emergency room

de EHBO

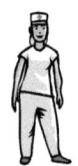

nurse

de verpleegster

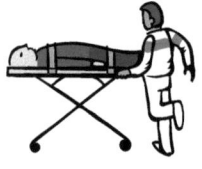

emergency

het noodgeval

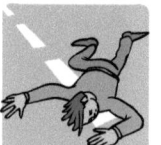

unconscious

bewusteloos

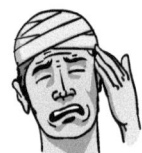

pain

de pijn

injury

de verwonding

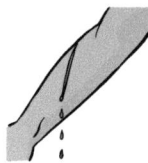

bleeding

de bloeding

heart attack

de hartaanval

stroke

de beroerte

allergy

de allergie

cough

de hoest

fever

de koorts

flu

de griep

diarrhoea

de diarree

headache

de hoofdpijn

cancer

de kanker

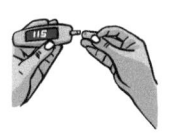

diabetes

de diabetes

surgeon

de chirurg

scalpel

het scalpel

operation

de operatie

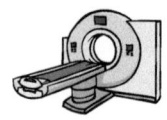

CT

de CT

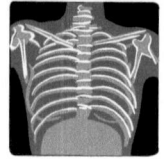

x-ray

de röntgen

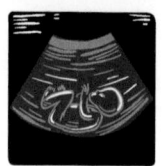

ultrasound

de echografie

face mask

het gezichtsmasker

disease

de ziekte

waiting room

de wachtkamer

crutch

de kruk

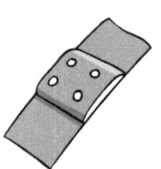

plaster

de pleister

bandage

het verband

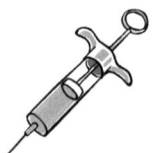

injection

de injectie

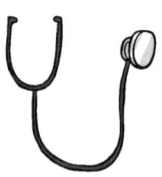

stethoscope

de stethoscoop

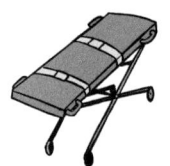

stretcher

de brancard

clinical thermometer

de thermometer

birth

de geboorte

overweight

het overgewicht

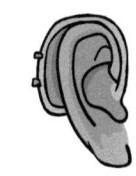

hearing aid

het gehoorapparaat

disinfectant

het ontsmettingsmiddel

infection

de infectie

virus

het virus

HIV / AIDS

(de) HIV / AIDS

medicine

het medicijn

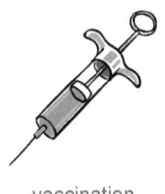

vaccination

de inenting

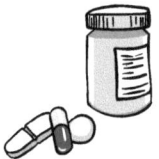

tablets

de tabletten

pill

de pil

emergency call

het alarmnummer

blood pressure monitor

de bloeddrukmeter

ill / healthy

ziek / gezond

Help!

Help!

alarm

het alarm

assault

de overval

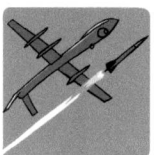

attack

de aanval

danger

het gevaar

emergency exit

de nooduitgang

Fire!

Brand!

fire extinguisher

de brandblusser

accident

het ongeluk

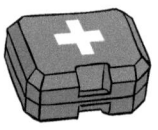

first-aid kit

de EHBO-koffer

SOS

SOS

police

de politie

Europe

Europa

North America

Noord-Amerika

South America

Zuid-Amerika

Africa

Afrika

Asia

Azië

Australia

Australië

Atlantic

de Atlantische Oceaan

Pacific

de Stille Oceaan

Indian Ocean

de Indische Oceaan

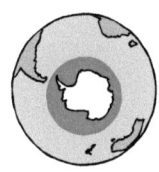

Antarctic Ocean

de Zuidelijke Oceaan

Arctic Ocean

de Noordelijke IJszee

North Pole

de Noordpool

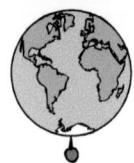

South Pole

de Zuidpool

Antarctica

Antarctica

Earth

de aarde

land

het land

sea

de zee

island

het eiland

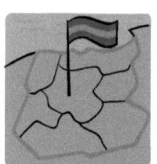

nation

de natie

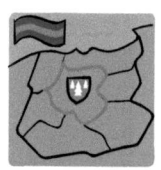

state

de staat

clock face

de wijzerplaat

hour hand

de uurwijzer

minute hand

de minutenwijzer

second hand

de secondewijzer

What time is it?

Hoe laat is het?

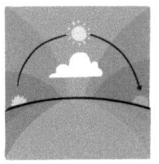

day

de dag

time

de tijd

now

nu

digital watch

het digitaal horloge

minute

de minuut

hour

het uur

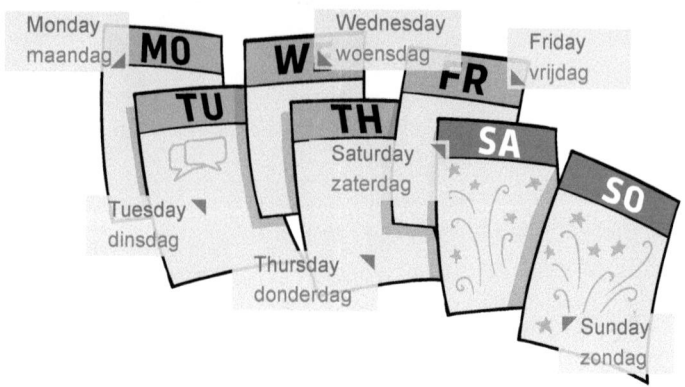

Monday / maandag
Wednesday / woensdag
Friday / vrijdag
Tuesday / dinsdag
Thursday / donderdag
Saturday / zaterdag
Sunday / zondag

yesterday
gisteren

today
vandaag

tomorrow
morgen

morning
de ochtend

noon
de middag

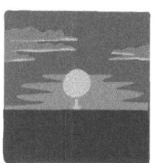

evening
de avond

MO	TU	WE	TH	FR	SA	SU
1	2	3	4	5	6	7
8	9	10	11	12	13	14
15	16	17	18	19	20	21
22	23	24	25	26	27	28
29	30	31	1	2	3	4

business days
de werkdagen

MO	TU	WE	TH	FR	SA	SU
1	2	3	4	5	6	7
8	9	10	11	12	13	14
15	16	17	18	19	20	21
22	23	24	25	26	27	28
29	30	31	1	2	3	4

weekend
het weekend

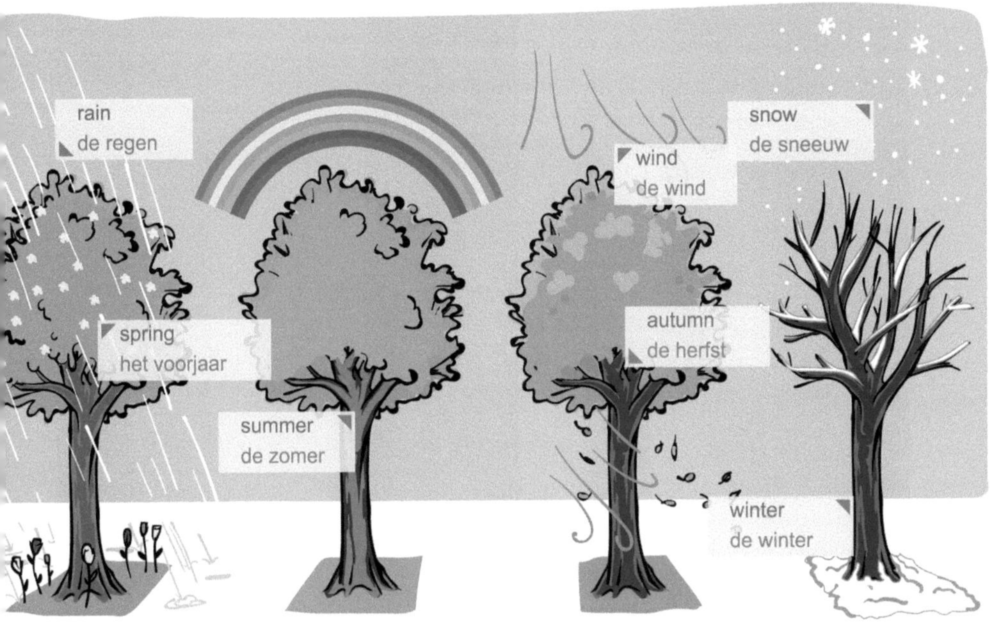

rain
de regen
snow
de sneeuw
wind
de wind
spring
het voorjaar
autumn
de herfst
summer
de zomer
winter
de winter

4.APRIL 11°
5.APRIL 4°
6.APRIL 13°
7.APRIL 8°
8.APRIL 10°

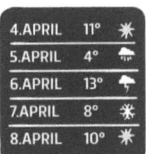

weather forecast

het weerbericht

F C
120 40
90 30
60 20
30 10
0 0
-30 -10
-20

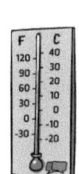

thermometer

de thermometer

sunshine

de zonneschijn

cloud

de wolk

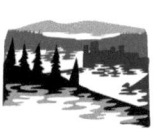

fog

de mist

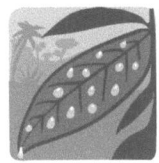

humidity

de luchtvochtigheid

lightning

de bliksem

thunder

de donder

storm

de storm

hail

de hagel

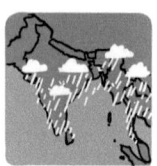

monsoon

de moesson

flood

de overstroming

ice

het ijs

January

januari

February

februari

March

maart

April

april

May

mei

June

juni

July

juli

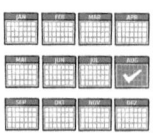

August

augustus

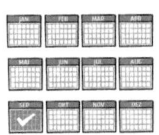

September
....
september

October
....
oktober

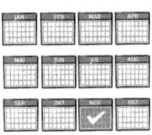

November
....
november

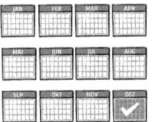

December
....
december

shapes

de vormen

circle
....
de cirkel

square
....
het vierkant

rectangle
....
de rechthoek

triangle
....
de driehoek

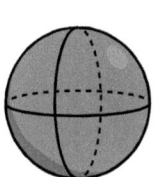

sphere
....
de bol

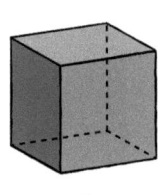

cube
....
de kubus

colours
de kleuren

white
....
wit

yellow
....
geel

orange
....
oranje

pink
....
roze

red
....
rood

purple
....
paars

blue
....
blauw

green
....
groen

brown
....
bruin

grey
....
grijs

black
....
zwart

a lot / a little

veel / weinig

angry / calm

boos / rustig

beautiful / ugly

mooi / lelijk

beginning / end

begin / einde

big / small

groot / klein

bright / dark

licht / donker

brother / sister

broer / zus

clean / dirty

schoon / vies

complete / incomplete

volledig / onvolledig

day / night

dag/ nacht

dead / alive

dood / levend

wide / narrow

breed / smal

edible / inedible
eetbaar / oneetbaar

evil / kind
gemeen / aardig

excited / bored
opgewonden / verveeld

fat / thin
dik / dun

first / last
eerste / laatste

friend / enemy
vriend / vijand

full / empty
vol / leeg

hard / soft
hard / zacht

heavy / light
zwaar / licht

hunger / thirst
honger / dorst

ill / healthy
ziek / gezond

illegal / legal
illegaal / legaal

intelligent / stupid
intelligent / dom

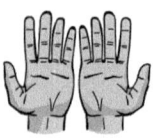

left / right
links / rechts

near / far
dichtbij / ver

opposites - de tegenstellingen

new / used

nieuw / gebruikt

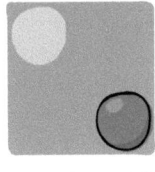

nothing / something

niets / iets

old / young

oud / jong

on / off

aan / uit

open / closed

open / gesloten

quiet / loud

zacht / luid

rich / poor

rijk / arm

right / wrong

goed / fout

rough / smooth

ruw / glad

sad / happy

verdrietig / gelukkig

short / long

kort / lang

slow / fast

langzaam / snel

wet / dry

nat / droog

warm / cool

warm / koel

war / peace

oorlog / vrede

0

zero

nul

1

one

één

2

two

twee

3

three

drie

4

four

vier

5

five

vijf

6

six

zes

7

seven

zeven

8

eight

acht

9

nine

negen

10

ten

tien

11

eleven

elf

12

twelve

twaalf

13

thirteen

dertien

14

fourteen

veertien

15

fifteen

vijftien

16

sixteen

zestien

17

seventeen

zeventien

18

eighteen

achttien

19

nineteen

negentien

20

twenty

twintig

100

hundred

honderd

1.000

thousand

duizend

1.000.000

million

miljoen

languages
de talen

English

Engels

American English

Amerikaans Engels

Chinese Mandarin

Chinees Mandarijn

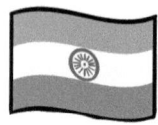

Hindi

Hindi

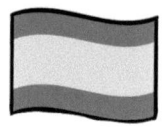

Spanish

Spaans

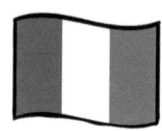

French

Frans

Arabic

Arabisch

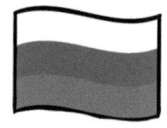

Russian

Russisch

Portuguese

Portugees

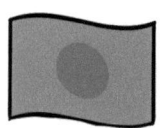

Bengali

Bengalees

German

Duits

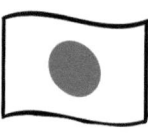

Japanese

Japans

I
ik

you
jij

he / she / it
hij / zij / het

we
wij

you
jullie

they
zij

who?
wie?

what?
wat?

how?
hoe?

where?
waar?

when?
wanneer?

name
de naam

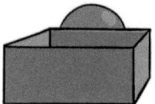

behind

achter

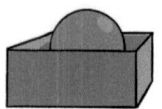

in

in

in front of

voor

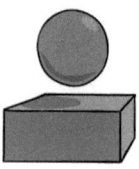

over

boven

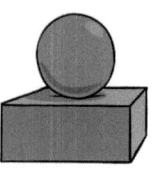

on

op

under

onder

beside

naast

between

tussen

place

plaats